꽃으로는 못 올 우리

이승은 시집

가히 시인선 010

꽃으로는 못 올 우리

이승은 시집

가히

시인의 말

오래도록 걸어왔으니 환히 짚어 헤아릴 것 같은데
날마다 내딛는 발걸음은 매 순간 낯설다.

앞의 말을 뒤의 말이 견디느라
한 눈금씩 부푸는 지금,
오고 가는 계절의 갈피는 서늘한 긴장감으로 늘 팽팽하다.

다시 또 처음이니,

2025년 4월
이승은

차례

시인의 말

제1부

낭원투도 閬苑偸桃 … 13
그늘을 놓아주다 … 14
초저녁별 … 15
치사한 도편수 … 16
성냥 … 17
장독 이야기 … 18
분리수거 … 19
우두커니, 봄 … 20
14-31호 … 22
육개장 … 23
초록 신호등 … 24
낡은 악보 … 25
하늘 귀를 당기는 돌 … 26
비자 … 27
꽃으로는 못 올 우리 … 28

제2부

이를테면, … 31

비가 오려나 … 32

뻥, … 33

누에보 탱고 … 34

꽃받침 … 36

깍지 … 37

강촌세탁 … 38

막국수 타령 … 39

경성여객 271 … 40

못다 쓴 종장에게 … 42

나비 … 43

초록 귀 … 44

붉은, … 46

골목 … 47

억새 … 48

제3부

사과꽃 … 51

떠다니는 귀엣말 … 52

고해 주목 … 53

공항일지 … 54

옛 사진 … 55

서더리 … 56

낮잠 … 57

삼일목욕탕 … 58

닌자 … 59

오후 카페 … 60

삼립 크림빵 … 61

모래밭의 내력 … 62

선물 … 63

살려고, 죽이다 … 64

홍원항구 … 65

한산 소곡주 … 66

제4부

바다가 보이는 시인 … 69

달빛 오름 … 70

한여름 밤 … 71

만돌린이 있는 정물 … 72

달그락, … 73

와흘臥屹 … 74

꽃 마중 … 75

숨바꼭질 … 76

거두절미 … 77

화평한 점심 … 78

등대살이 … 79

밤이슬 … 80

품 … 81

비탈길에 서다 … 82

울음 … 83

겨울꽃 … 84

제5부

낙엽비 … 87

비색翡色 … 88

늦더위 … 89

거진포구 한나절 … 90

동태 보고서 … 91

앎 … 92

순환선 … 93

다녀올게 … 94

거품 … 95

끝이라는 처음 … 96

입동 무렵 … 97

피다! … 98

감또개 또는, … 99

하루 … 100

해설 끊임없는 천착, 소멸과 회복의 리듬 … 101
　　　이정현(문학평론가)

제1부

낭원투도 閬苑偸桃*
— 지금 그 복숭아는 처음인가 세 번짼가?

경건히 두 손으로 받잡는 자태 보소
천도天桃를 훔쳤으니 어허, 그럼 도둑인데
친근한 얼굴이시네 행랑 아범 같잖은가

호방하고 굽힘 없는 동방삭이 눈빛 보소
알면서도 서왕모는 모르는 척하였으리
그래서 삼천갑자렷다, 둘은 그리 각별했나

---

*단원 김홍도 그림.

그늘을 놓아주다

건너오고 건너가던 그 오랜 마음결은
나눠도 갈마들던 안개 혹은, 는개였다
아득한 거리에서도 발목을 서로 잡던

감춰둔 서너 통의 옛 편지를 태우는 날
한참을 따라붙던 목마른 재채기가
연기로 젖어 들면서 땅거미를 드리웠다

밖에서 바라보니 정작 내가 갇혔구나
시름없는 풍경 속에 웃자란 그늘의 키
징검돌 디뎌선 자리 이끼가 번져갔다

오디빛 하늘길을 열고자 한 나중의 밤
덜 여문 한 마디를 통째로 베어 물고
꼬리별 스러진 곳에 그림자를 낳았다

초저녁별

첫돌 무렵 아장대는 어린애 눈빛인데

알 것은 다 안다는 고집도 제법인데

이순耳順에 이르고 보니 모르는 게 별천지다

남의 눈에 들려다가 내 눈엔 들지 못한

그런 중에 놓쳐버린 시간은 늘 2인칭

나에겐 별 볼 일 없다고 잠깐 왔다 가버린,

치사한 도편수

벌거벗고 쪼그린 채 처마 이고 끙끙대는
전등사 나부상과 눈길이 마주치자
경우가 뭐 이러냐며 볼멘소리 하는데요,

―조강지처 저버렸던 저도 새겨 넣었어야지
이거 원, 수백 년을 혼자서만 감옥살이
정분을 훔쳐낸 대가는 공평해야 맞잖아요?

성냥

뙤약볕을 질러와서 쥐가 물고 달아난다

콩알인 줄 알았는지 그것참, 겁도 없이

민박집
마당 한복판
쏟아놓은 성냥개비

젊어 한때 찻집에서 쌓았다 흩곤 했던

섬광이면 더 좋았을 그 이름 성광공업

이제야
붉은 전두를
가슴팍에 긋는다

장독 이야기
— 서운암

음력 정월 대보름께 손 없는 날을 골라
찬 우물 손수 길어 된장을 담그시던
어머니 둥그런 어깨, 꼭 닮아 있습니다

드맑은 햇살 줄기 공평히 받듭니다
뜸 드는 항아리엔 뭉근한 속사정이
저마다 저만큼씩의 근심을 다독입니다

소나무가 거른 바람, 하늘이 거른 구름
봉긋 핀 그림자를 발치께 공그르며
절 마당 숨바꼭질에 심심찮은 한낮입니다

분리수거

1.
당당히 규격봉투에 잡동사니 내놓고서
개운하다, 두 발 뻗고 꿀잠을 자고 나니
햇살이 넘나들더라나 온 집안 윤나도록

2.
고개를 절레절레 싫다는 노모 귀에
집보다는 병원이라 치료가 더 좋아요,
타의로 일사천리로 요양은 시작됐다

꼬박꼬박 지불하는 비용의 액수만큼
편하게 모실 거라 위안을 삼는 사이
황당한 답신이 온다, 마음 준비하시라는

걸어서 들어갔으나 고이 누워 나오는 곳
분리된 효도 자리 수거하러 가는 날
작별할 겨를도 없이 꽃관, 환히 납신다

우두커니, 봄

개나리

한나절 집 비우고 저물녘 들어오니
쓴 약을 삼킨 듯이 노랗게 질린 채로
대엿새 웃어주던 꽃,
낱낱이 져버린 봄

샐쭉한 첫 마음에 초록 잎 돋아나도
꽃 보낸 줄기들은 헛웃음만 짓고 있어
눈길을 떨치고 서서,
나 또한 져버린 봄

벚꽃

지하철역 계단 어귀 눈꽃마냥 홀홀 쌓여
발 딛기 저어해라 까치발로 서는 사월
내 한때 꽃 비늘이다,
절반쯤 지고 없는

빗줄기에 휘어 처진 발아래 꽃가지를
아예 꺾어 와서 유리병에 담고 보니
꺾일까 안간힘 쓰다,
몇 송이 지고 없는

14-31호
—부산시립 공원묘지

다리 절며 모은 전 재산 유니세프에 맡겨놓은, 무술생戊戌生 구두닦이 보육원 국졸 출신

남긴 건 낡은 라디오, 연필로 쓴 일기 두어 권

피붙이 하나 없이 흔한 사랑 한번 없이 혼자 걷는 걸음이라도 따라오게 하고 싶어

가끔씩 뒷걸음질 쳤다는, 발자국도 잠들다

육개장

조문객이 앉자마자 덩그러니 갖다 놓는

일회용 국그릇은 예정대로 슬픈 시늉

벌겋게 충혈된 국물이 고사리에 엉긴다

영정의 그림자가 비스듬히 어룽진다

달게 먹고 가시라는 묵언의 작별 인사

아무도 울지 않는다, 바닥을 다 비워도

초록 신호등

30에서 하나씩 떨어지는 숫자만큼

칸칸이 그어 내린 건널목을 건너간다

자꾸만 깜박거려도
안전하다 아직은,

꿈꿀 일이 멀어지자 건너편이 다가온다

보호된 시간들은 돌려주면 이제 그뿐

지킬 건 지킬 수밖에
밥그릇이 비더라도,

낡은 악보

젊은 날 악보에는 #과 b 천지였다

중간에 반음씩을 놓친 이유 알겠다

들뜨는 감정 때문에
음 이탈도 했었고

오늘이 어제 같고 내일은 오늘 같지

끙끙대며 속 태워도 내 앞의 도돌이표

지금도 돌아가는 중
저기 다 보이는 길

하늘 귀를 당기는 돌

어떤 돌도 하나씩은 제 길을 갖고 있지

바닷물이 물러가자 맨몸으로 빠져나와

햇살이
쓰다듬는 대로
젖은 맘을 드러낸 돌

문섬도 저 강정도, 해내지 못한 것을

앞섶을 환히 열어 섬이 섬을 안아주네

이참에
한 품에 들어
하늘 귀를 당기는 돌

비자

젊어 한때 저 몸짓을 나는 왜 몰랐을까

풀린 끝 다시 움쳐 매듭을 지었더라면

여기 와 무릎 꿇는 일
아마도 없으련만

꽃으로는 못 올 우리

마량리 가는 길에 눈구름이 따라와요
때아닌 진눈깨비 쏟을 줄 알았지요
간간이 꽃의 소인만 길목에 찍혀 있네요

저만치 동백숲이 눈시울에 감기고요
들켜버린 질문들이 어제처럼 번지고요
제자리 찾으려 해도 어설픈 붓질이네요

금이 간 답변 위에 덧칠을 해댔지요
짙어진 이른 봄이 끝내 목을 놓는군요
제풀에 돌아서는 일 이미 아는 표정이네요

예고 없이 파고드는 셈법이 낯설어요
엇갈린 길을 막자 앞섶부터 휑해져요
점점이 얼룩만 남은 밑그림 한 장이네요

제2부

이를테면,

성심껏 늘어놓는 그대의 거짓말을

모르는 척 끄덕이며 조금씩 믿어주느라

소담한 아이스크림이
눈앞에서 녹는 경우

오래 뜸을 들였어도 뜨거워지지 않는 사이

한참을 울었는데 눈물 없는 얼굴일 때

차라리 웃어넘겨라,
등 너머로 듣는 경우

비가 오려나

 버스 정류장을 맴돌던 중년 남자 슬쩍 흘려 놓는 화투짝 '똥광'이다

 싱겁다 싶은 눈으로 발치께를 보는 순간,

 잽싸게 돌아보며 던지는 말 우렁차다 찬스를 잡았으니 운수대통 따논 당상

 급하면 전화 주세요! 똥값 일수 쓰란다

뻥,

질소를 품었으니 공간을 건녀야지

'깡'이 살아나야 '새우'도 안전하지

절반만 허락하자는 봉지와 과자 관계

절대적이 아니라면 그대로 두어야지

내일의 드라마도 녹화는 오늘이지

재생은 디스토피아 끊임없는 말놀이뿐

누에보 탱고
— Adios Nonino*

한평생 아버지는 골목 앞 외등처럼
바깥을 살피느라 안쪽은 무심했다

두어 줌
불빛 추슬러
빙판이나 달랠 뿐

살수록 헐거워진 나이를 추스르자
반도네온 음계 겹겹 숨어드는 진눈깨비

절반쯤
어둑신하게
뒷모습이 번진다

난데없이 귀 언저리 살갑게 치는 눈발
잘 가세요, 놓친 인사 난분분 흩어지고

그 먼 곳

닿을 수 없어
허공을 켜 드는 밤

---
*안녕히 아버지.

꽃받침*

성깃한 울타리에 매무새 다소곳이

두 귀는 귀로 열고 입은 입으로 닫아

품어 온 별의 씨앗을 심어놓고 있는 네가

어제는 복수초를 오늘은 마거릿 잎

앉은 자리 곳곳마다 꽃 향이 번져오니

시 한 줄 얹어봄 직한 들강달강 하는 봄날

---

*피아니스트 안수정.

깍지

처음 널 보았을 때 우리 그때 열다섯
말리꽃 눈빛으로 서로가 잡아준 손

갸륵한 생일 자리가
이렇게 오롯하다

지금도 귀 모으면 피어나는 네 목소리
그날이 그날같이 놓여 있는 길섶이라

한때는 우리 언저리
헛바퀴가 돌곤 했지

켜켜이 풀어내는 이야기 실타래를
말없이 감아주고 더 말없이 다독였지

오늘은 꽃차 향기로
마주 앉은 예순한 해

강촌세탁

곶감빛 기와지붕 모자인 양 쓰고 앉은
유리창 안쪽 풍경 아늑히 건너본다
한 자락 꽃샘추위를 말아 쥔 해거름에

오랜 날 마름질로 꿈도 찾아 맞췄으리
이마에 두어 줄씩 주름진 것은 잊고
실밥을 뜯은 언저리 옷 주름만 다려 편다

길들인 다리미가 뿜어낸 김을 따라
옷걸이에 감겨드는 G선상의 아리아
창밖도 봄을 품느라 비설거지 한창이다

막국수 타령

그 정도야 사준다고 막 사줄 수 있으니까
오기나 하라는 말
어서 오란 그 말 속에
꽃들이 다투어 핀다
이역 땅 이곳까지

막 한번 비비고 싶어 열무 혹은 오이채에
촉촉한 면발 사이
김 가루도 묻혀가며
따지고 잴 것도 없이
막 그렇게 막역莫逆하게

경성여객 271

너를 앉혀두고 항상 먼저 내릴 때면

창문을 살짝 열고 손을 들어주었지

그 모습 바라보다가
정류장이 되곤 했지

결국에 우리들은 총총히 멀어지지

온 만큼씩 가야 하는 마땅한 거리만큼

떼놓듯 부려놓아야
안심한 듯 달려가지

오늘도 어제처럼 우두커니 서곤 하지

풀꽃 같던 네 웃음도 이제 멀리 달아나서

잊어도 눈치 못 채게
한 걸음만 내딛었지

못다 쓴 종장에게

단호했던 뒷모습을 새겨 읽지 못했구나
덤덤히 스쳐 보낸 날것의 시간으로

날아든 너의 부음은 어찌 이리
가벼운가

깨문 입술처럼 피 흘리며 지는 동백
가다 말고 멈칫대는 지상의 어스름 녘

살아낸 생의 뭉치가 어찌하여
가여운가

혹한 다 견뎌내고 목울대 적신 봄날
힘겹게 떼어 붙인 일력만 파르라니

못다 쓴 종장 한 마디 어찌 두고
가시는가

나비

노숙으로 지친 그늘 눈꺼풀에 붙어 있다

못다 한 떨림 끝에 단호히 닫은 입술

자줏빛
손발 너머로
이별이 닿아 있다

울음은 허공에서 날개를 사뭇 털고

이미 더듬이는 향방을 놓친 채로

저 눈발,
우화의 길을
너울대며 열고 간다

초록 귀
— 버스기사 M씨

 국민학교 졸업하고 서너 해는 소 키웠어 장손이라 끔찍이도 위해주던 할머니가 쥐어 준 사천육백 원 눈이 번쩍, 뜨이더군

 종로 어디 구멍가게 잡일 하던 친구 믿고 육십 년대 초반에 무작정 상경했지 전차비 한 푼도 아까워 물어물어, 찾아갔어

 그 친구 그만뒀다니 하늘이 노래지데 저녁은 빨리도 와 사방이 어둠일 때 어쩌다 발길 닿은 곳 하필이면, 카바레야

 청소하고 술 나르다 흥얼대는 내 노래를 사장이 솔깃하게 듣고 난 뒤부터는 가수가 빠지는 날엔 땜빵용, 대타였지

 매도 많이 맞고 배도 좀 곯았는데 댄서였던 그 누님만 힘이 고 약이었어 제대 후 찾아도 봤지만 소식은, 감감이야

 이거 원 나이 드니 하루에도 두어 번씩 '크라운 장' 누님 생각 코끝이 시큰해져 춤커녕 손도 못 잡은 첫정이네, 돌아보니

한여름 초록 잎이 듣는 귀에 오래도록
받아 새긴 마음자리 그늘도 지나갈 때
버스는 비보호 좌회전, 안전하게 들어섰다

붉은,
—싸움소 해병이

금이 간 뿔 쪽으로 끈끈한 피가 비쳐

부어오른 눈자위 속 핏발이 드세진다

처연히
맞서고 있다
저리 깨문 혓바닥

열다섯 나이에도 굴하지 않는 투혼

상대는 펄펄 뛰는 다섯 살 황소였다

무승부
물러설 줄 모르는
높고 뜨건 저 눈물

골목

그림자 뉘엿뉘엿 걸어온다,
어스름이

시린 무릎 달래가며 걸어온다,
수십 년이

못 부친 편지를 접듯 걸어온다,
한 여자가

억새

추신으로 한 줄 붙인 문장 같은 십이월에
너는 없고 나만 있는 돌담을 에두르며
애인아, 네 하얀 정수리 낮달이 앉았구나

말로 하긴 머쓱하고 몸짓으로 가만가만
품을 한번 더듬다가 땡강도 피웠다가
토라져 주억거리는 풀숲에 든 일 있지

알아도 모르는 척 살아오기 참 잘한 일
빛나던 것 뒤로하고 어둠도 다스리며
애인아, 여기까지가 참아왔던 길이구나

제3부

사과꽃

가는 봄이 서운하여 꽃이 희게 핀다면서

풍경을 세워놓고 찍어 보낸 사진 한 장

아무 말
하지 말라던
표정이 서려 있다

어깨에 가만 얹던 가늘고 긴 손가락

그만큼의 거리에서 너는 내게 맺혔으니

참말로
아무한테도
말 못 할 것만 같다

떠다니는 귀엣말

막무가내 소문들에
한 귀를 내줬더니

갇힌 말이 시끄러워
한 열흘 어지럼증

나머지 귀도 벙벙해 나갈 길을 찾는 중

대책 없이 쉿, 이라며
너는 잠시 다녀가도

이미 불 댄 주전자는
알아서 물이 끓고

그렇게 삐삐거리며 수증기로 빠지는 중

고해 주목

발왕산 정기로도 모자란 게 있었구나

속을 텅 비운 채로 우두커니 한자리에

누구는 들어가더니 눈물 바람 한창이다

기꺼이 그 한 품에 너그러이 안긴다면

오늘쯤은 고해 말고 생떼를 부려야지

모조리 일러바칠래, 말 못 하고 묻어둔 일

공항일지

여기는 구름 많은 고기압 가장자리

웃자란 예측만큼 고온다습 쪽입니다

더러는
엇갈린 길이
풀리기도 한답니다

여여한 기다림이 나붓이 착륙할 때

대개는 나침반 얼굴, 향방이 잡힙니다

누군 또
이륙하느라
주문을 왼답니다

옛 사진

수십 년 전 시간들이 힘겹게 빠지느라
인화된 사각 종이 오늘만큼 늙어 있다
이름만 남겨놓고서
지워진 사람도 몇,

함께한 얼굴들이 과거에서 돌아 나와
웃던 이는 웃음만큼 넌지시 눈짓한다
가슴에 빈방 있냐고
세 들어 살겠다며,

서더리

이미 살은 발겨져서 볼품은 없습니다

그래도 괜찮으시면 뜨끈해져 보려고요

쓴맛은 달래야지요, 혼자이신 이 저녁

낮잠

풀밭에 가만 누워 하늘에 눈을 주면

반걸음에 반걸음씩 구름이 내려와서

비워둔 내 이마 위로 꿈 한 채를 낳는다

삼일목욕탕

사우나는 닫은 지 오래 회전등만 돌아간다

'이발만도 가능합니다' 쪽지를 붙여놓고

창가에
그림 되어 앉은
세신사의 늦은 오후

코로나도 어지간히 하품하는 처서 무렵

때수건 밀쳐놓고 이발 기술 익혔는데

삼일도
지나기 무섭게
간판마저 내렸다는,

닌자

　한국에 태어나서 하와이로 워싱턴으로 주인 따라 텍사스까지 13년을 서로 거둔,
　　푸른 눈 페르시안 품종 자태가 요요했던

　　발톱 한번 세움 없이 유순했던 고양이는 밤이면 흰 달빛을 둥글게 등에 말고
　　고고히 꼬리를 눕혀 그림자와 놀곤 했어

　　너를 보내놓고 푸른 것은 슬프다는 이역만리 딸아이의 울먹임이 가랑가랑,
　　그 울음 부서져 내려 내 귓가에 가르랑,

오후 카페

통유리창 지붕 위로 구름이 몰려온다
팔분음표 빗방울이 맨발로 달려든다
삽시간 굵은 빗줄기 창밖을 다 지운다

목말랐던 소나무가 몸을 한껏 여는 동안
여름을 배경으로 자리를 잡는 동안
낯익은 저 테이블이 알은체 하는 동안

너 없이 긴 시간을 접었다 펼쳐보고
너 대신 샹송 가사 투정으로 매달리고
너 같은 아이스커피, 안부인가 더욱 차고

삼립 크림빵

감미가 많은 쪽을 기꺼이 양보하고

조금 남은 것을 아쉽게 혀로 핥던

어린 날 삼립 크림빵, 핏줄 속을 건너온다

머리에 쑥물 오른 남매가 마주 앉아

살가운 이야기에 크림 듬뿍 발라준다

강파른 세상의 아침, 그 윗목에 마주 앉아

모래밭의 내력

동생의 옆구리에 길이 나기 시작하자
남은 동기간들은 바쁘게 드나들었다
밀물과 썰물의 때를
알기나 하는 듯이

점점 강해지는 눈물의 염도 때문에
소금이 된 모랫길은 조금씩 녹아내려
부옇게 시야를 흐리며
저 멀리 넓어졌다

떨어지지 않으려고 서로가 달라붙어도
오가는 바닷물이 보채듯 흩어놓고
이제는 꿈 조각마저
편을 갈라놓았다

선물

초승달 눈인사가 상큼한 제미영* 씨

찬물에 갓 씻어낸 청포도 목소리로

시집을
잘 받았다고
솔·라·시로 웃는다

황포돛배 갓을 씌운 자그마한 램프 상자

닫힌 품 여는 순간 저녁이 서둘러 왔다

사방에
꽉 찬 가을이
불 밝힐 때를 알고

---

*바느질 콜라주, 화가.

살려고, 죽이다

내일이 설날인데 오늘이 입춘이라니,
세배라도 받으려나 너부죽한 볕살이네
첫 끼니 마중한다며 몸 일으켜 하던 그 말

오랜 금식 끝에 배식판에 올린 죽
죽이다? 생각하니 뜨끔하여 웃는다는
죽사발 되지 않으려 살려고 비운다는

그럼에도 불구하고 봄보다 먼저 갔다
살고프던 그 죽사발 덩그러니 남겨두고
힘겹게 뜨던 손짓만 내 가슴에 찍어놓고

홍원항구

수은주가 올라가다 늘어져 휘청거리자

너뱅이 등대횟집 파라솔에 조는 구름

이쯤에 땅이 걷히고 바다가 시작된다

시작이란 뜨거운 말, 목울대를 치받다가

서해 해넘이가 뒤쪽으로 늘어지자

매운탕 잡어 섞이듯 네가 마구 다녀간다

한산 소곡주

고향 땅이 빚어내온 앉은뱅이 술이란다
그 맛에 한 잔 두 잔……
그러다 주저앉아

덜커덕 믿어버린 말, 이제 와 새삼스런

왜 가만히 있느냐고 한사코 부추기듯
더워 오는 봄바람이
앞섶을 파고들 때

내 말을 듣고는 있냐며 괜한 어깨 툭, 치던

바닷가 해송 사이 한 점 해가 저물 때
잠시 잠깐 눈 맞추다
누가 먼저랄 것 없이

잘 익은 그날의 시간 서로 따라 주었지

제4부

바다가 보이는 시인

가는 날이 장날이라 함께 들른 오일장터
갓 담근 꼴뚜기젓갈 기어이 안겨줄 때
피어난 모닥불 웃음, 덤으로 따라오지

가자, 삼양바다 시인이 머무는 곳
맨발로 오래도록 검은 모래 익히느라
발걸음 더뎌도 좋아, 앞서거니 뒤서거니

이미 물러섰던 놀빛의 투신처가
복분자 술잔이지 취하게 타오르지
바다는 어둑해지고, 고깃배는 불을 물고

달빛 오름

한 그릇 죽이라도 떠먹이랴 배고픈 날
무슨 할 말 남아 있어 헉헉, 숨이 차나
오르기 만만찮은 게 그대만큼 버겁구나

가파른 나이만큼 계단을 세며 간다
흙 숨 향기 받아먹고 정상에 핀 억새 물결
하늘을 이고 사느라 정수리가 닳았구나

달빛 아래 차오르는 숲길도 그렇지만
더는 품지 못해 쏟아낸 서약의 말
발꿈치 따라붙으며 재갈재갈 우는구나

한여름 밤

단물이 고여 드는 신촌 포구 큰물 여탕

먼저 와 속살을 씻는 둥근달을 보았다

덩달아 내 몸 깊숙이 갯내음이 배어들고

바람결에 들고나고 그러느라 지친 바다

고단한 등줄기를 밤마다 뉘였으리

달빛에 앞섶을 풀고 나도 저리 잠들라

만돌린이 있는 정물*

알함브라 궁전까지 마중 나간 눈바람이

몸체만 한 굵은 목을 스치듯 켜고 있다

떨리는 음계를 짚는 상그러운 눈송이

세상 곳곳 다니느라 찌든 때를 몰고 와도

이처럼 품을 열어 속속들이 헹궈주지

아늑히 안긴 한겨울 지금 한창 목욕 중

---

*피카소 작품. 1924.

달그락,

저 멀리 바다 건너 아이들은 떠나 있고
오늘은 섣달그믐 번다하게 길어진 밤
소복이 썰어둔 떡살 괜스레 흩어본다

부지런히 산답시고 많이도 무심했던
곁에 있는 지아비만 지금껏 밥동무다
붙박이 자리가 되어 숟가락만 들고 나고

와흘 臥屹

안개가 안개 품을 파고드는 귤밭 어귀

등 넓은 윤노리나무 그 아래 가만 앉아

부르네,
오래전 이름
이참에 불러보네

이쪽에서 저쪽까지 들썽대는 봄풀들이

하늘에나 안기고자 누운 줄 알았더니

지금껏
물리지 못한
윷판이네, 저 낯빛

꽃 마중

좀체 곁도 안 주더니 앵돌아져 주춤대더니

실구름 피워놓고 허리 접는 노꼬메오름

발갛게
드러낸 정강이
누굴 찾아가는지

바람꽃 눈 맞추며 혼자 가기 딱 좋은 곳,

흰노루귀 고개 들자 복수초도 안달이다

중심은
사뭇 멀어도
깊어지는 가장자리

숨바꼭질
— 르네 마그리트, Rape 1934

눈 코 입을 숨겼어도 몽타주는 완벽했다

쿵쿵대며 찾고 있는 불특정 술래들이

던지는 수수께끼에 말려들지 마시라

거두절미

아귀찜에 넣으려고 콩나물을 다듬는데

위아래 떼어내자 아래위가 따로 없다

저렇듯 아싸리하게 재지 말고 우리 한번,

화평한 점심

힌남노 태풍경보에 유리창도 안달인데
짭조름한 다시마와 묵은지가 가지런히
다 늦은 끼니라 해도 얼마나 소담한지

우리 여기 숨었으니 찾으면 들켜줄까
풋 나이 땐 놓지 못한 시고 떫은 표정 없이
오래된 정인을 맞듯 밥상이 차려졌다

거품으로 둥둥 뜨는 편견은 걷어내고
잘 익은 웃음 몇 쪽 밥숟갈에 얹어준다
문밖에 천둥이 치든, 파도가 고꾸라지든

등대살이

사방이 깊어져서 아무라도 사무칠 때

누구의 점등인가 날 환히 열고 있다

차라리 나를 끄시게
어둠이 안겨 쉬게

포말 꽃 피우느라 밤새 으깨져도

파도는 멀리 나가 새벽을 낳아 온다

바다도 한숨 돌리게
이제 눈 좀 붙이시게

밤이슬

홀로 지난 한철을 그 별에 나 갔었네

입은 옷 그냥 그대로 벗은 맘 그냥 그대로

가만히
들여다보고
더 가만히 이마 짚고

그사이 다녀갔구나 옷자락 스친 자국

기척 없이 숨죽이며 기어이 앓았구나

몇 마디
말씀을 놓고
아무 몰래 잠시 잠깐

품

가장 낮은 곳에 머리를 두어야만

드넓게 번지는 걸 땅끝에 와서 안다

달마산 발치를 두른 바다를 나 보느니

내세울 거 더 없도록 내려와 누웠다고

미황사 주춧돌에 물고기가 일러둔다

물결도 주억거리며 제 몸을 다 여느니

비탈길에 서다

가위눌린 이른 새벽 후줄근한 잠을 턴다

또다시 몹쓸 꿈이 이어질까 저어하며

찬물을 한 모금 물고, 전등불도 물려놓고

살아온 갈피마다 더러 지은 말빚인가

혼곤히 안겨드는 내 안의 질량감이

무릎을 접고자 했던 비탈길에 쏠리다

울음

미끼를 덥석 물고 올라온 대물 민어
선홍의 두 눈알이 겁먹은 게 분명하다

부레가 가빠지면서
삐주룩이 새는 소리

바다를 잃을 줄은 생각도 못 했던 듯
지느러미 곧추세워 그물망을 쏠고 있다

물 바깥 내뱉는 안부
등 비늘에 튀는 햇살

삽시간에 흥건해진 유월의 갑판 위로
물 안쪽 이야기가 파랑으로 파닥인다

참고 또 참아내느라
야위어만 가는 소리

겨울꽃

잘려나간 꽃대궁의 흐느낌이 잦아지자
버텨온 꽃송이가 고개를 수그린다

그렇게
겨울은 왔다
언 목숨을 거두면서

한때 이 지상에 빛나던 약속처럼

병 속의 꽃일망정 꽃으로 환했던 것

가변성
내일의 말은
빈칸으로 남긴다

제5부

낙엽비

여기까지 오느라
흘린 말이 너무 많다

날것으로 쏟은 말에
깨물린 혀가 쓴 시

꽤 오래 아물지 않는다
피가 비친 겨울 어귀

비색翡色

불길에 스며 번진 담담한 수채 붓질

유약의 요변窯變으로 은하수를 건너는 이

질박한 도공의 숨결 한껏 풀어 놓았구나

가마 속을 휘돌았던 불 숨을 끼얹어서

흙 속에 묻힌 것이 명징하게 울 때까지

연거푸 씻어 걸러진 하늘이 들어왔다

늦더위

오래 묵은 연애의 무심한 감촉으로

새벽녘을 더듬대는 익숙하고 습한 손길

반쯤은
잠을 떨친 채
온몸을 내맡긴다

후끈하게 달라붙어 더는 참지 못한다고

울음을 부풀리는 문틈 사이 귀뚜라미

동트는
열대야 속을
처서處暑라며 읊어댄다

거진포구 한나절

S자로 훑어가며 헤살 놓는 꽃샘바람
파도야 높든 말든 지붕이 나지막한
발길이 이끄는 대로 들어간 곳, 하필 천국

김밥만 천국이던 서울과는 사뭇 달리
생선이 천국이란 간판을 내건 식당
심퉁이 도치알탕이, 제철이라 으쓱대는

알이 슨 속사정을 드러내긴 뭣했는지
빨판에 힘을 주는 수족관의 저 녀석들
모른 척, 유리에 붙어 시큰둥 잠든 척

김치로 얼큰하게, 살갑게도 우린 국물
제 속 다 주었으니 내 속도 풀라 한다
싱겁게 떠돌던 소문, 맛이 들어 엔간한

동태 보고서

서로를 꽉 껴안자 녹지 않는 몸뚱어리
궤짝을 엎어놓고 난도질이 한창이다
칼날을 거부하다니, 살얼음이 튀고 있다

얼음 박인 눈알 위로 미끄러진 시간들이
늘어져 비칠대는 뙤약볕 시장 어귀
적절한 비명을 몰라 나뒹군다, 한동안

바닷길이 얼어버려 길을 잃은 너희들은
아무리 감추어도 비린내가 풍겨온다
나 또한 어정쩡하게 견뎌보는 이 한철

앎

 어린아이 둘을 가진 서른 남짓 한 여자가 병원 복도 한쪽에서 하염없이 하염없고
 말기로 덜컥 와버린, 전이는 또 시작되고

 살면서 느닷없는 일 너끈하게 견뎠는데 물먹은 솜뭉치가 속눈썹에 얹힌다고
 몸속에 날아든 돌멩이 그 탓도 못 한다고

 하늘이 발밑으로 자꾸만 내려와서 바닥을 디딜 때면 구름에 **빠져들고**
 그 결에 아이들 얼굴이 뭉게뭉게 핀다고

순환선

나는 늘 그쯤에서 기다리는 쪽이었다

시간이 흩어져도 공간은 멈춘 자리

마중도 배웅도 없이 열차는 들어왔다

출입구 스크린에 낯익은 '떡국' 시편

어둠길 불러내서 한 그릇 먹였으면

자동문 닫히기 전에, 불빛 잠시 환할 때

다녀올게

1.
그리 말해놓고 남편은 오지 못했다
수십 년간 뒷모습이 백업되곤 했다는데
금남로 골목 거기에 오월이면 그가 온다

2.
휴가를 바꾸느라 천안함에 오른 장병
출산 앞둔 아내 향해 듬직하게 속삭인 말
얼굴도 못 본 그 딸이 오늘로 열 살이다

3.
여행 가방 둘러메고 현관문을 막 나설 때
가슴에 박아놓은 아들의 웃음소리
세월호, 열일곱 살을 세월 안에 가뒀다

거품

깊숙이 넣어뒀던 빨래판을 꺼내놓고

오랜만에 옷가지를 비벼가며 빨아본다

자꾸만 부풀었다가 꺼져가는 무지개들

나는 또 무얼 바라 저리 닮아갔을까

믿거니 했던 일들 맞잡은 손의 나날

결국은 눈만 부시던 비눗방울 한때를

끝이라는 처음

하나 남은 사랑니를
주저하다 찾은 치과

불빛을 들이밀더니
한 말씀 던지신다

사랑도 어지간한데 이참에 보냅시다?

보내면서 맞이하는
첫 순간이 다시 왔다

병원 문을 나서면서
올려다본 지붕 근처

까치가 기다렸다는 듯 물고 가는 시늉이다!

입동 무렵

단두대에 올라서니 봄바람이 감돈다*는

강우규 의사 동상 발치에 옹송그린

발목을 잃은 비둘기
네가 외려 자유롭다

서울역 2번 출구 눈구름이 앞장서도

그늘은 물리치는 단호한 지금 여기,

손바닥 크기만큼씩
볕살이 번져간다

---
*1920. 11. 29. 순국 직전에 남긴 시에서.

피다!

수선집 재봉틀이
매미 울음 소릴 낸다

땡볕 찌는 여름 오후
깜빡 졸다 찔린 손끝

흰 천에
방울지는 피,

창 너머엔
봉숭아꽃

감또개 또는,

저렇듯 어린 것이
눈도 다 못 뜬 것이

산부인과 담장 너머
또르르 떨어진다

비릿한 마른장마에
한 달 남짓 초록 숨

하루

매일매일 배달되는 시집들을 물끄러미

한 권을 집어 든 채 그대로 물끄러미

덧쌓인 책들에 치여 못다 읽고 물끄러미

시를 써야 시인이지, 헛웃음이 물끄러미

내 말에 내가 눌러 변명도 물끄러미

그러니 죽기 살기로 당신을 물끄러미

해설

끊임없는 천착, 소멸과 회복의 리듬

이정현(문학평론가)

> 점점 강해지는 눈물의 염도 때문에
> 소금이 된 모랫길은 조금씩 녹아내려
> 부옇게 시야를 흐리며
> 저 멀리 넓어졌다
> ―「모래밭의 내력」 부분

화양연화花樣年華. 인생에서 가장 아름답고 찬란했던 시절. 누구나 아름답게 기억하는 지난날이 있다. 그 시절을 돌이키는 회상이 없다면 삶은 의미를 잃는다. 삶은, 점진적인 '난파'다. 시간은 절대 머뭇거리지 않는다. 육체는 허물어지고, 기억은 희미해진다. 어떤 관계도 영원히 이어지지 않는다. 이 도저한 시간의 파괴력 앞에서 삶은 한없이 초라하기만 하다. 사람들은 마치 영원히 살 것처럼 살아가지만, 소멸에 직면할 시간은 누구에게나 예외 없이 찾아온다. 그것은 개연성 없는 사건이자 대비할 수 없는 삶의 과정이다. 자신의 삶이 단지 예외적인

기간에만 우발적으로 존재했다는 사실을 인정하는 것은 뼈아픈 일이다. 그러므로 인간은 누구나 자신이 읽고, 생각하고, 확신하고, 발설했던 것이 진실이었음을 증명하는 시간을 통과해야 한다. 소멸이라는 영원 앞에 찰나적 삶은 환시幻視에 지나지 않은가. 실제로는 존재한 것도 아니었던 이 세상에서 삶의 의미를 찾는 건 어쩌면 부질없는 짓일지도 모른다. 소멸에 관한 사유에 침식된다면 자아가 쌓아놓은 가치들을 부정하는 과정이 바로 삶이라고 정의하게 된다. 생명이 사소하고 평범하게 다가올 것이다. 그렇다면 글을 쓰는 것은 어떤 의미를 지닐 수 있을까. 기억을 윤색하고 자기 위로를 거듭하면서 끊임없이 삶을 천착하는 과정이라는 생각이다.

  이승은의 신작 시집 『꽃으로는 못 올 우리』에는 소멸과 회복의 풍경이 반복된다. 시인은 삶이란 본래 허무하고 쓸쓸하다는 사실을 알고, 소멸을 망각하게 만드는 소비의 쾌락이 지배하는 세계의 질서도 잘 안다. 자신의 삶과 지금 세계가 그러하다는 것을 알면서도 계속 살아가야 하는 시인은 다가오는 '소멸'을 응시하면서 "예고 없이 파고드는 셈법"으로 시를 쓴다. 시적 주체가 포착한 풍경에서 '나'는 묘지를 걸으며 소외된 삶을 살다 간 사람을 생각하고(「14-31호」), 울음 없는 조문객과 육개장을 먹으면서(「육개장」), "금이 간 답변 위에 덧칠"(「꽃으로는 못 올 우리」)을 했던 한때를 떠올린다. 1부에 수록된 시들은 이렇듯 시적 주체가 느끼는 회한으로 가득하다.

이제부터 "옛 편지를 태우"면서 "오랜 마음결"(「그늘을 놓아주다」)에 갇혀 있던 그늘을 풀어주는 시편을 만나보자. 가둔 것이 아니라 갇힌 것을, "시름없는 풍경 속에 웃자란" 그것이 "그늘의 키"인 것을 시인은 안다. "덜 여문 한마디"를 끝내 익혀내지 않고 과감히 다가올 삶을 보듬는 한 사람을 보라.

> 건너오고 건너가던 그 오랜 마음결은
> 나눠도 갈마들던 안개 혹은, 는개였다
> 아득한 거리에서도 발목을 서로 잡던
>
> 감춰둔 서너 통의 옛 편지를 태우는 날
> 한참을 따라붙던 목마른 재채기가
> 연기로 젖어 들면서 땅거미를 드리웠다
>
> 밖에서 바라보니 정작 내가 갇혔구나
> 시름없는 풍경 속에 웃자란 그늘의 키
> 징검돌 디뎌선 자리 이끼가 번져갔다
>
> 오디빛 하늘길을 열고자 한 나중의 밤
> 덜 여문 한 마디를 통째로 베어 물고
> 꼬리별 스러진 곳에 그림자를 낳았다
> ―「그늘을 놓아주다」 전문

시간은 육신과 기억을 허문 대신 작은 선물을 건넨다. 소멸을 인식한 이후 '나'는 타인과 세상을 너그럽게 바라보게 된다. 상대의 거짓말을 모르는 척 끄덕이면서 믿어(「이를테면,」) 주기도 하고, 멀리 있는 '나'에게 좋아하는 막국수를 사줄 테니까 어서 오기나 하라는(「막국수 타령」) 벗의 호기에 즐거워한다.

그러다가 누군가의 부음을 듣고서 "단호했던 뒷모습을 새겨 읽지 못했"(「못다 쓴 종장에게」)다고 자책한다. "못 부친 편지를 접듯"(「골목」)이 서성거리고 "너는 없고 나만 있는 돌담을 에두르며"(「억새」) 인연을 떠올린다. 낡은 사진을 보면서 '나'는 먼저 간 친지들이 건네는 듯한 말을 듣는다. 세월이 가도 사진 속의 사람은 늘 그대로가 아니던가. 웃음으로 찍힌 얼굴은 언제나 웃음으로, '나'보다 어린 부모님 얼굴도 오롯하다. 인화된 종이만, 시간만 늙어 있다니.

    수십 년 전 시간들이 힘겹게 빠지느라
    인화된 사각 종이 오늘만큼 늙어 있다
    이름만 남겨놓고서
    지워진 사람도 몇,

    함께한 얼굴들이 과거에서 돌아 나와
    웃던 이는 웃음만큼 넌지시 눈짓한다

가슴에 빈방 있냐고

세 들어 살겠다며,

―「옛 사진」 전문

  2부에서 4부에 걸쳐 수록된 시의 재료는 '회한'과 '너그러움', 그리고 '연민'이다. 그러나 끊임없는 따스함을 화두로 삼은 이 시들은 어둡지 않다. 어떠한 소재를 앉혀도 밝고 미래지향적인 이미지를 훼손하지 않는다. 시간이 갈수록 자주 접하는 부음, 오래된 사진, 되돌릴 수 없는 시간. 시적 주체가 자각하는 증거들은 결코 명랑하거나 낙천적일 수는 없다 해도 어떤 신념과 확신으로 허무한 삶을 이겨내는 것이다. 때로는 시적 주체의 체험은 인간의 운명을 대변하는 서정적인 풍경과 겹쳐진다. 그러면서 '낡음'과 '소멸'의 어두운 이미지에서 벗어난다. '나'는 바닷가의 오일장터를 시인과 즐거이 거닐고(「바다가 보이는 시인」), 깊숙이 배어든 갯내음(「한여름 밤」)을 보름달빛으로 만끽한다. 살아 있는 것들은 멈추지 않는다. 계절 역시 계속 순환한다. 꽃이 피고 지고, 해와 달은 다시 뜬다. 새벽녘에는 어김없이 이슬이 맺히고, 등대지기는 오늘도 불을 밝힌다. 주변의 살아 움직이는 것들을 바라보면서 '나'는 살아 있다는 사실을 뜨겁게 인식한다. 추억은 소멸이 아니라 남은 자에게는 영원한 그리움의 자양분이다. 시간은 무심히 흐르고, 살아 있는 것들은 유한하지만 다시 새로운 생명이 소멸의 공

백을 채운다. 지금 '나'가 쓸쓸하게 바라보는 풍경들은 다음 계절에는 다른 면모를 보일 것이다. 같은 나무에 피는 꽃도 내년에 필 꽃은 올해 것이 분명 아니지 않던가. 이러한 자연의 법칙은 '나'에게 뜻밖의 위안을 준다. 거기서 '생의 리듬'을 발견한 '나'는 한때 존재했다가 곧 소멸한 대상을 향해 말을 건넨다. 풍경 너머로 나아가는 시선 탓에 오히려 그 풍경이 쓸쓸함을 위무한다.

    홀로 지난 한철을 그 별에 나 갔었네

    입은 옷 그냥 그대로 벗은 맘 그냥 그대로

    가만히
    들여다보고
    더 가만히 이마 짚고

    그사이 다녀갔구나 옷자락 스친 자국

    기척 없이 숨죽이며 기어이 앓았구나

    몇 마디
    말씀을 놓고

아무 몰래 잠시 잠깐

　　　　　　　　　　　　　―「밤이슬」 전문

　시인이 꿈꾸는 사이 저 혼자 앓으며 밤이슬이 맺혔다는, 시각을 따라가 본다. 잠시 생겼다가 사라지는 밤이슬에 삶을 비유하면서도 희망 같은 "몇 마디/말씀을" 놓치지 않는다. 유한한 생을 인정하고 긍정한 '나'는 잠시 존재했다가 사라지는 하찮은 것―안개, 꽃, 들풀, 파도, 등대 등―들에게 시선을 돌린다. 이 따뜻한 감성 덕분에 소멸을 토로하는 시의 이미지는 생동감을 지니는 반전을 갖게 한다.

사방이 깊어져서 아무라도 사무칠 때

누구의 점등인가 날 환히 열고 있다

차라리 나를 끄시게
어둠이 안겨 쉬게

포말 꽃 피우느라 밤새 으깨져도

파도는 멀리 나가 새벽을 낳아 온다

바다도 한숨 돌리게
　　이제 눈 좀 붙이시게

　　　　　　　　　　　—「등대살이」 전문

　밤새 불을 밝히는 등대, 어둠이 휴식할 수 있기를 바라는 이 타심이 시를 한층 따스하게 한다. 소멸에 가까워질수록 시간의 흐름은 더 빠르게 체감되는 법이지만 삶을 마무리할 시간은 누구에게나 필요한 것이다. 떨어지는 낙엽을 보며 "흘린 말이 너무 많"(「낙엽비」)다고 회고하면서도 내일은 "빈칸"으로 남겨두겠다고 선언한다. 아무리 세세하고 정확하게 발언한다고 해도 말이란 늘 휘어지고 왜곡된다는 사실을, '나'는 이미 알고 있다. 삶이란 원래 뚜렷한 서사가 아니라는 사실도 역시 안다. 겨울꽃의 "잘려나간 꽃대궁"을 보면서 '나'는 이렇게 적는다.

　　잘려나간 꽃대궁의 흐느낌이 잦아지자
　　버텨온 꽃송이가 고개를 수그린다

　　그렇게
　　겨울은 왔다
　　언 목숨을 거두면서

한때 이 지상에 빛나던 약속처럼

병 속의 꽃일망정 꽃으로 환했던 것

가변성
내일의 말은
빈칸으로 남긴다

—「겨울꽃」전문

  시인은 자연, 사물, 인간, 식물을 통해 소멸의 운명을 긍정한다. 살아 있는 것들의 운명을 직시하면서 자신의 운명을 추스르고 돌아본다. 여기서 이승은의 시는 한 걸음 더 나아가 채 피지 못하고 사라진 존재들을 안타까운 시선으로 바라본다. 「다녀올게」는 자연의 섭리와는 달리 우리 이웃의 아픔을 담담하지만 절실한 목소리로 담아낸다.

1.
그리 말해놓고 남편은 오지 못했다
수십 년간 뒷모습이 백업되곤 했다는데
금남로 골목 거기에 오월이면 그가 온다

2.

휴가를 바꾸느라 천안함에 오른 장병
출산 앞둔 아내 향해 듬직하게 속삭인 말
얼굴도 못 본 그 딸이 오늘로 열 살이다

3.
여행 가방 둘러메고 현관문을 막 나설 때
가슴에 박아놓은 아들의 웃음소리
세월호, 열일곱 살을 세월 안에 가뒀다

—「다녀올게」 전문

이 시에는 1980년 광주, 2010년 천안함, 2014년 세월호에서 생을 달리한 사람들의 사연이 짤막하게 담겨 있다. 자신의 의지와는 달리 생을 마친 사람들을 기억할 때마다 무사히 살아남은 자들은 연민과 죄책감을 느낄 수밖에 없다. '나'는 다만 운이 좋아 그곳에 없었을 뿐이니까. 당신과 '나'의 운명은 그리 다르지 않다. 살아 있음이 우연의 결과에 불과하다는 사실을 자각할수록 타인과의 경계는 조금씩 허물어진다. 이 자명한 진실을 외면하고 사람들은 죽음을 이용하거나 폄훼한다. 세상은 그들이 만든 소음으로 어지럽기만 하다.

사람은 꽃과 나무, 파도와는 다르다. 꽃은 시들 때를 근심하지 않는다. 반면 인간은 자연의 섭리에 저항하며 삶의 방향을 스스로 선택하고 자신이 상상하지 않았던 삶을 통과한다.

인간의 생애는 제각각의 이유로 자연스럽지 않다. 생의 비애는 여기서 비롯된다. 이 피할 수 없는 슬픔은 인간이 살아야 하는 이유를 자각하게 만든다. 그것은 더 많이 소유하고 소비하기 위해서가 아니라 서로 보듬고 위로하는 책무를 다해야 한다는 진실 때문이다. 이 부채의식이야말로 시인이 계속 글을 쓰는 추동력이 된다. 무릇 모든 인간은 평생 누군가의 덕분으로 생을 지속하고 영위한다. 이런 깨달음은 언제나 늦게 찾아온다. 하지만 그것을 끝내 깨닫지 못하고 세속에서 소유한 것을 놓지 않으려 하고, 종종거렸던 일들이 얼마나 많은가. 시조의 운율에 맞춘 간소한 언어의 틈새 곳곳에서 시인의 통찰이 빛을 발한다.

깊숙이 넣어뒀던 빨래판을 꺼내놓고

오랜만에 옷가지를 비벼가며 빨아본다

자꾸만 부풀었다가 꺼져가는 무지개들

나는 또 무얼 바라 저리 닮아갔을까

믿거니 했던 일들 맞잡은 손의 나날

결국은 눈만 부시던 비눗방울 한때를
―「거품」 전문

  일상적 체험을 시로 승화하는 시인의 작업은 반복되는 슬픔에 무뎌지지 않으려는 마음을 대변한다. 40년이 훌쩍 넘은 시간 동안 끊임없이 창작 활동을 이어가면서 시인은 자신이 쓸 수 있는 모든 것을 기록해 왔다. 시 쓰기가 곧 자신의 정체성임을 시인은 생애 전체로 증명하는 중이다. 이 긴 세월을 통과하면서 시인은 글쓰기란 자신을 위한 것이 아니고 타자를 위한 것임을 깨닫는다. 남을 위해 무언가를 쓰려고 할 때 '나'의 언어는 그 무엇보다 귀한 것이 된다. 시인은 유한의 존재들을 껴안으면서 출렁이는 슬픔을 승화해 낸다. "깨문 입술처럼 피 흘리며" 동백이 지던 날 날아든 "부음"과, 가엽기만 한 "생의 뭉치"를 가늠하면서 '나'는 아직 여백으로 남겨둔 떠난 이의 "못 다 쓴 종장"을 생각한다.

단호했던 뒷모습을 새겨 읽지 못했구나
덤덤히 스쳐 보낸 날것의 시간으로

날아든 너의 부음은 어찌 이리
가벼운가

깨문 입술처럼 피 흘리며 지는 동백
가다 말고 멈칫대는 지상의 어스름 녘

살아낸 생의 뭉치가 어찌하여
가여운가

혹한 다 견뎌내고 목울대 적신 봄날
힘겹게 떼어 붙인 일력만 파르라니

못다 쓴 종장 한 마디 어찌 두고
가시는가

—「못다 쓴 종장에게」 전문

생 안에는 모든 것들이 충만하다. 그런데 인간은 왜 생 안에 가득한 축복과 자유들을 미처 알지 못하고 떠나가는가. 더 많은 소유를 '성공'의 척도로 삼는 세계에서 시인이 응시하는 사소한 존재와 소박한 삶은 쉽게 무시된다. 수치로 분류하여 가치를 측정하기 어렵기 때문이다. 우리의 부음은 나중에 어떻게 기억될 것인가. 이것은 기록의 문제이기도 하다. 기록은 기억을 지배한다. 시인은 남루하고 나약한 것들을 줄곧 응시한다. 흐드러지게 폈다가 지는 꽃들, 계절마다 다른 얼굴을 지닌 나무와 풀들, 그리고 앞서 생을 마감한 자들, 조용히 낡아가는 것들을 말이다. 탐욕과 소비를 찬미하는 세계에서 사람이 과연 꽃보다 아름다울 수 있을까. 모든 것을 상투적으로 만드는 세계에서 익숙한 무기력을 견디며 시인은 여전히 쓴다.

> 매일매일 배달되는 시집들을 물끄러미
>
> 한 권을 집어 든 채 그대로 물끄러미
>
> 덧쌓인 책들에 치여 못다 읽고 물끄러미
>
> 시를 써야 시인이지, 헛웃음이 물끄러미
>
> 내 말에 내가 눌려 변명도 물끄러미
>
> 그러니 죽기 살기로 당신을 물끄러미
>
> ―「하루」 전문

그 기록들은 무너지는 것들을 껴안으려는 몸부림이자 글쓰기에 쏟은 자기 생의 의미를 잃지 않으려는 안간힘이기도 하다. 제각각의 이유로 자연스럽지 않은 인간의 삶이 아름다울 수 있는 이유는 상투적인 세계에 물들지 않겠다는 단호한 의지에서 비롯된다. "흘린 말이 너무 많다"(「낙엽비」)고 자조하는 시적 주체가 삶의 쓸쓸함을 견디는 방식은 이렇다. 관찰하고, 애도하며 기억하기. 그러니까 살아 움직이는 것들에 대해 말하기를 멈추지 않는 것. "꽃으로는 못 올 우리"가 남겨놓은 뿌리는 이 봄을 들어 올릴 것이다. 이 찰나의 생에서 무용하고 낡아가는 것을 끈질기게 응시하는 시인의 에필로그, '물끄러미'를 화두로 남긴다.

가히 시인선 010

꽃으로는 못 올 우리
ⓒ 이승은

초판 1쇄 인쇄	2025년 4월 3일
초판 1쇄 발행	2025년 4월 10일
지은이	이승은
펴낸이	김석봉
디자인	헤이존
펴낸곳	문학의전당
출판등록	제448-251002012000043호
주소	충북 단양군 적성면 도곡파랑로 178
전화	043-421-1977
전자우편	sbpoem@naver.com

ISBN 979-11-5896-685-0 03810

*이 책의 판권은 지은이와 문학의전당에 있습니다.
*양측의 서면 동의 없는 무단 전재 및 복제를 금합니다.
*잘못 만들어진 책은 바꿔드립니다.